애인

애인

이응준 시집

민음의 시 183

민음사

평안 속에 깃들어 있는 김솔에게

自序

언제나 그렇듯
한 괴로움이 저버린 그 자리에 다시 한 괴로움이 찾아와
간밤에는 천둥과 벼락이 쳤다.
한 나라가 무너지고 한 나라가 일어났다.
조용한 새벽 내 안에
꽃처럼.

2012년 봄
이응준

차례

단 한 사람

어디에도 그가 없는 저녁
그녀는 자신에 관한 소식을 듣는다. 그는 지워진다.
가 버린 청춘은 이야기도 아니고 노래도 아니었기에
나의 너도
너의 나도 아닌 그는 그저 단 한 사람.
무엇으로도 그를 기념할 수 없는 저녁
그녀는 사막에서 고래의 눈동자 속으로 걸어 들어간다.
가 버린 청춘은 가혹하고 아름다움은 엄두가 나질 않아
사막에 엎드려 있는 고래의 눈동자 속에 우두커니 서서
폭풍우를 기다리고 있다.
그는 어디에도 없지만
여기 있다. 그를 기다리는 단 한 사람.
죽음처럼 옷깃을 여미고 말없이 반문하는
그의 단 한 사람. 사막에 쓰러져 있는 고래의 눈동자 속
눈물이 되어
폭풍우를 기다리는 단 한 사람.
나의 너도
너의 나도 아닌
그저 오래도록
단 한 사람.

연인

괴로워 밤마다
환속하는 이여.

문득 꼬리를 만졌을 때나
짐승인 줄 깨닫게 되는
개 한 마리의 사상이여.

해일이여.

생일

온 우주의 별자리들을 다 헤매도
벗어나지 못하는
이 사막의 중심에서

나는 나의 죄를 닮은 밤하늘을 향해
아무도 사랑하지 않을 거라고
말했다.

그러자

모든 것들이 그리워지기 시작했다.

피의 조건

저 어둠 속에서 어떤 것이 바라보고 있다.
저기 저 어둠에
자기만 외로운 것이
울면서도 가끔 웃어 주고 있다.
이상한 과일나무 한 그루가 서 있을 뿐인데
희생이 있고
내가 제일 싫어하는 말
바로 그 희생이 있고
안락의자 위에서 사랑하고 싶었던 어느 여자의 손과 발이 있다.
선물 꾸러미 같은 인생
그런데 겁이 나 풀어 볼 수가 없어
아직도 저 어둠 속에는 갠지스 강과 재즈밴드가 있다.

이 여름 가장 조용한 바다
세상의 모든 기념일들이
빙벽과 묘지가 될 때
내가 길을 떠나면 다시는 돌아오지
못하는 까닭이

엽서 한 장 되지 못할 때
털썩 주저앉고
문득 꽃이 피고
다른 나라의 가시덤불로부터 내 귓속까지
바람이 불어올 때 저 어둠 속에는

그러니까 저 어둠 속에는
마주하면 사라지게 될
그가 있다.

애인

그날 밤 다리 밑에서
그녀와
다리 밑에서 나는
낙타 같은 그녀와

낙타의 발자국 같은 그녀와
사막 위의 마을 같은 그녀와
전신주가 내려다보던 그녀와

천둥과 눈물과 통조림
태풍과 신문 배달부와
밟고 지나가서는 안 되는 것들과

어제 죽은 아버지의 바지와
나무 의자와 신호등과 야구장
뚜껑 없는 맨홀
무너지는 가슴과 손거울과
춘화 곁의 소년
초승달과 이별과 내

바다 위 다리 위를 뛰어가는
그녀의 흰 운동화와
이상한 일들과 부러진 크레파스와
목을 매면 키가 커질 것 같은 예감과
고양이가 증오하는 쓰레기통과
이름밖에 모르는 어떤 여자애 입술과
결국 그녀와 모든 것들이 그녀와
그날 밤 다리 밑에서
그녀와
그녀 다리 밑에서 나는
낙타처럼 그녀와

나는 장마에 대하여 다시 쓴다

이 저녁 그대가 화분을 들고
아무 쓸모없는 내 노래 속으로 걸어 들어올 때
나는 여태 악몽 따위로 시나 쓰는
젖은 지붕이어서
누군가에게
누구 아니냐고 미소할 수가 없다

한 글자 한 글자마다 고개를 숙이고
바람 밑 나뭇잎 위에
세상 모든 눈물과
눈물 같은 것들의 시작과 끝을
새기고 또 새기는 그대는
그리하여 기다리고
기다렸던 어제의 나는

그대와 그대에 관한 빗소리 없이는
어두운 방에 잠시도 누워 있질 못하는
참 요긴한 우울과 두통

그대가 노래처럼 걸어와 이 저녁
내 예감 속의 화분을 둘러싼 높은 담장을
미소로 허물어 버린다고 해도

자서전

가수가 어떤 음을 내지 못하는 것은
그 음이 높아서가 아니다

나는 일생을 걸어 다녔지만
빛과 너 외에는
생각하지 않았고 물고기를

닮은 소녀의
아가미 속에 메마른 혀를

밀어 넣었고 올무에 걸려
밤과 밤 저 짐승 모양의
별자리를 올려다보았다

집은 왜 내 곁에만 서면 기둥과 토대가 무너질까
길은 왜 나를 안기도 전에 눈물로 중무장을 할까

가수가 어떤 음을 내지 못하는 것은
그가 그 음을 아직 모르기 때문이다

맨 처음

맨 처음 고양이를 향해 나비라고 불렀던
그 사람은
상처가 많은 사람이었을 거야.

나는 너무 오래 내 속에 웅크리고 있는
어둠에게
이렇게 속삭여.

나비야—
나비야—

붉은 지붕에 오르렴.
올라
흐르는 흰 구름을 보렴.

어서 날아가라,
내 나비야.

이 아이를 보게 되면

이 아이를 보게 되면 나는
괴로움을 잊게 되어
혼자 남아도 혼자 남은 줄 모르게 될까 봐 두렵다.

이 아이를 보게 되면
꽃보다 예쁘고
나무보다 푸르른 이 작은 아이를 보게 되면 나는

나의 비바람과 천둥을 잊게 될까 봐
캄캄한 동굴과 그 안을 서성이는 붉은 눈동자를 잃어버리게 될까 봐
내가 건너온 사막과 발밑의 뜨거운 지옥이 사라지게 될까 봐
두렵다.

꽃보다 예쁜 아이야.
나무보다 푸르른 작은 아이야.

여기 이런 것들이 비바람에 흩어진 내 살과 뼈이고

저기 저런 것들이 천둥과 함께 흘러간 나의 청춘이다.

이 아이를 보게 되면 나는
하지도 못할 말들이 너무 괴로워
이 아이를 보지 않는다.

혼자 남아도 혼자 남은 줄 모른다.

저녁의 시

어두워지고 있을 때
누구냐고 묻지 마라.

그저 가까이에 있는 흰 그릇을 만지고
오래 울어라.

주께서
죽음처럼 맑은 너의 우물에
아름다운 적을 비치시면

나는 바람 든 사과 속에서
금이 간 별을
끌어안고 있었다.

이제는 예뻐 일찍 시드는 꽃이 싫다.
그렇게 좋아하던 나무도
체념 없는 세상의 법전 같아 무섭다.

내가 알고 지내던 소녀들

소녀의 엄마가 되고
내 어머니가 되고

성묘를 마치고 돌아가는 길
아들은 노을에 국수를 말아 먹는다.

그리고 그도 그녀처럼
어느 날
사라질 것이다.

1989

제 손으로 제 얼굴을 그린다는 것은
옳은 일이 아니다. 그래도 나는 자화상만을
그리다 죽고 싶었다. 도처에
달의 문법이 성행하고
바다 깊은 곳 그물 속에는
벚꽃 뇌관들이 가득하였으나
언덕의 사과나무들은
모두 한 여자와 자고 나서
성자가 되었다.

그대와 나. 나는 그대를 후회로
그대는 나를 탄식으로 간호하는구나.
그대를 향한 나의 의지가 무르익어
감각으로 발전하던 순간

사슬이 된 이슬과
이슬이 될 사슬과 같은 사람들은
내가 그대를 듣고
무언가를 깨달아

심장 그물 속 벚꽃 뇌관들을
햇살 아래 터뜨리자
아무것도
아무것도 아닌
낮잠이 되었다.

제 손으로 제 얼굴을 그린다는 것은
옳은 일이 아니다. 파계한 성자들이
그 사과나무에 목을 매고
내 자화상이 되었기 때문이다.

슬픔의 논리

주색잡기를 멀리하던 스승은
방금 괴로워 흥얼거렸던 내 노래처럼
허공에도
마음에도
없다.

죽음이란 그런 것.

탕아인 제자 걱정으로 잠 못 이루던 그의 책들
세상 속에서 여전히 초라하고
도무지 호전될 기색이 없고

내가 물려받은 철학이란 고작
산책을 자주 하라는 것.

후회와 경멸 대신에
차와 과자를 즐겨하던 그 손끝은
왜 아직도 가끔 나를 찾아와
실연 같은 겸손을 권하나.

선생니임 — .
선생니임 — .

허공으로도
마음으로도
그러지 마라.

그간 아무 일 없었던 거야.
정말 아무렇지 않게
벌써 다시 시작된 거야.

산책이란 그런 것.

창문 아래 잠들다

무엇을 바라보다 잠들었던 것일까.
저기 두 사람이라는 말과 저기 숲이라는 말 중에
그가 더 슬퍼했던 풍경은 어느 쪽이었을까.
마음을 정리했다는 말보다 두렵고
마음을 잃었다는 말보다 막연한 날들이 그에게 오리라.
그가 사랑해선 안 되는 이들에게 곧 오리라.
하지만 잊었다고 노래하며 영원히 기억하는 동안
저울과 시계 곁을 서성이던 청춘은
묻힐 만한 한 뼘의 어둠이 없어
기억되지 않아 잊히지도 못하는 소실점이 되었다.
그는 무엇이었을까. 무엇이 되고 싶었던 것일까.
상처만큼은 아름다워야 겨우 추억이라고 수줍어할 수 있는 것처럼
난국이 사무쳐 꽃이 되어 버린 청춘을 그는 그리워하기나 했던 것일까.
다만 꽃들의 술책과 기만을 견디며
결코 정리되지 않는 고통 속에서 자라나
결국 천천히 잃어 가듯 늙어 가는 그가
언젠가 절벽 끝에 서서 바다라는 거대한 수사학을 한껏

조롱했던 그가
　이제 불꽃과 함께 잠든 모든 청춘들에게 전한다.
　저기 두 사람이라는 말도
　저기 숲이라는 말도
　이렇게 아무렇지 않다.
　눈물이 남아 있다면 눈물 앞에서 선회하라.
　아는가. 알 수 있겠는가.
　거대한 바다가 거대한 바다가 있는 창문이 되었다.
　치욕이란 내가 어디로 가야 하는지에 대한 문신 같은 것.
　무엇을 기다리다 잠들었던 것일까.

극단적

지성과 미모를 자랑하던
영국의 어느 여류 작가는
말년에 치매를 앓아
god을 dog로 읽었다고 한다.

불성(佛性)은
비극을 조롱하는
희극 속에
있는 것일까?

왜 자꾸 내겐
꽃이 덫으로 읽힐까?

신이여.
개여.

버드나무군락지

밤이 화급하다. 내가 나의 반대편으로 돌아눕는 것도 유서를 쓰는 자의 즐거움도 아무 소용이 없다. 피아노 속에 뭘 숨겨 놓았는데 바다를 닮은 파란 성냥에는 불이 잘 붙질 않는다. 고아인 친구가 죽었다. 그는 몸이 아픈 나를 많이 걱정했다. 고아인 그가 죽었다. 추모하는 이 마음이 나무들 곁에서는 마치 자해하는 것처럼 느껴진다. 아까 고궁에 홀로 서 있던 그 여자와 그 여자의 미소는 둘로 쪼개어진 물체의 한 조각. 너무 멀리서 들은 노래는 기억을 봉인하는 주문 같아서 네 생각을 오래 한 날은 사람들로부터 어디 여행 다녀왔느냐는 소리를 자꾸 듣는다. 죽음에도 이유가 있다면 나는 눈을 버리듯 감고 찡그리지 않았을 것이다. 강 옆에는 버드나무군락지. 저녁이 지나서 밤이 화급하다. 피아노 속에 누군가 숨어 있는데 바다에는 불이 잘 붙질 않는다. 활활 태워 버리고 싶은 버드나무군락지. 누군가의 유서 같은 버드나무군락지. 고아인 그가 죽었다.

파계

겨울에 나비 한 마리가
외투 속에 들어왔어.

눈물을 잃고 등을 보이자
모든 질문들이 재가 돼 버렸는데
겨울에 나비 한 마리가
언덕을 힘겹게 오르던
외투 속으로 들어왔던 거야.

모래, 어쩌면 눈이 내리고
네가 있을 것 같은 어디선가
유리잔이 바닥에 떨어져 깨지고

겨울에 나비 한 마리가
외투 속의 나비 한 마리가
둥둥 외투를 데리고 지금 어디로 가나.

입 안 가득 고인 피를 삼키며
겨울 언덕 위의 외투는 중얼거린다.

모든 까닭은 어쩔 수 없이 이러하다고.

술잔이 깨지면
그 안에 담긴 술이 완전히 무의미해지는 것처럼

그랬어.
그저 나비 한 마리가.

밤의 수화

천둥 치는 전신 거울 안에 있었다. 소년이. 웅크린 소년의 알몸이. 제 가슴에 고개를 파묻은 소년이. 세상 너머로 흩어져 버렸다. 조각 그림이. 바람이 멈추는 어디쯤에선가 흩어져 버렸다. 기차의 조각 그림이. 녹슨 기차의 조각들이. 네가 살던 노란 창틀 붉은 벽돌집은 길이 되었고, 꿈꾸는 여우와 환하게 타오르는 우물과 침울한 녹색 장미가 여기 있다. 바람에 쓸려 가지도 않고 아직 여기에 있다. 텅 빈 황금 새장과 새벽 보리밭, 함박눈 내리는 절벽, 영원히라는 접속사 뒤로 숨어 버린 시간과 시간, 어두운 너의 얼굴에 새긴 글자들마다 후회로 닳아 버리던 은빛 칼끝도 여기 있다. 영원히 있다. 내가 기다리던 안개와 복도, 네가 지켜보던 피 흘리는 나무 전화기. 아직 있다. 애쓰지 마라. 탄식이었다. 오해였다. 아직이라는 말과 영원히라는 말이 서로에게서 멀어질수록 같은 소리였던 것처럼. 애인아. 나는 너의 기이한 구실이었다. 그가 소년이라는 것과 그 핍박마저도 눈먼 자가 그린 울긋불긋한 그림이었다. 다만 물어본다. 보이지 않겠지만 그래도 이 고통의 손으로 말한다.

전신 거울 안의 소년은 어디에 있는가? 천둥 치는 전신 거울 안의 소년은 어디 있는가? 천둥 치는 전신 거울 안에서 제 가슴으로 고개를 파묻은 소년은 어디 있는가? 바람이 되어 불어 가 세상 너머에서 흩어질 그 소년은 지금 어디에 있는가?

주기도문

어머니, 눈이에요.
전능한 침엽수림과
달빛 바다 묘지에
무쇠 같은 눈이 내려요.

하늘에 계신 어머니, 제가
형용했던 모든 것들이
폭력입니다.

東京

죽음의 공포보다
죽음의 형식을 고뇌하던 조선의 혁명가들이
배회하던 거리에

까마귀들이 산다.

한낮의 신궁 위에도
불야성의 환락가에도
검은 환생이

자기만 알아듣는 비명을 지른다.

신주쿠 작은 여관방
얇고 하얀 이불을 얼굴까지 뒤집어쓰고 누워
어쩌면 이대로 죽을지도 모른다는 생각을 할 때

아니다. 이 도시는
내 묘지가 아니다.

봄

광으로 기어 들어가
그곳이 제 뜰이라 생각하며
죽고 싶은 한 사내가

서글픈 좌우명
'인생일장춘몽'을 들고

고통 없는 여대생들
앞에 섰다.

하나님도 살아 있으려면
인간의 죄가 필요한 것처럼

모든 고백에는
정액 냄새가 난다.

참회가 그리울 때
나는 가끔씩
이렇게 놀라지.

창가에 앉아
피를 파는 햇살은
봄이 어지러워

여섯 개의 손가락으로
얼굴을 가린다.

안개

안개는
잊을 수 없는 것들에 대한 마음 약한 사람들의 견해다.
고통은 고통대로 간결한 법칙이 있어서
겪고 나면 대개 말은 사라지고 이상한 색깔만이 남는다.
안개에 연루된 자라고 모욕하지 말라.
나는 안개 속에서 태어났다. 안개는 나의 진술이다.
안개를 벽으로 여긴 적은 없다.
다만 화분이라면 깨어 버리고 싶었고
국가라면 멸망시켜 버리고 싶었을 뿐이다.
너무 많이 사랑했는데도
내게 남은 것은 사람이 아닌 문장밖에는 없다.
그대, 내 젊은 피 속에 흐르던 그 꽃들을 용서하지 않아도 좋다.
다만 나의 죄를 왜곡해서는 안 된다.
사랑하는 것이 많을수록 위험해지는 이 세상에서
나의 간극은 극단이었고
나의 극단은 간극이었으니
결국 안개였다. 나는 안개에서 자라났다.
편견이 사상보다 심오하고
어떤 목숨이든 아무런 계통이 없다는 것과

비극의 설계를 섭렵하게 된 계기도 그 안개 속에 숨어 있었다.

안개가 우리를 죽이고 살린다 해도

안개에 대해 가르친다는 것은 불가능하다.

안개에 대해 가르친다는 것은 불행하다.

그리하여 나는 안개의 집을 불태운 그날에

말문이 막히듯 너를 추억한다.

안개를 각성하듯 추억을 각성한다.

병원 긴 복도 야윈 의자에 홀로 앉아 있으면

어둠이 어둠 같지 않았던 그가 나였던 것 같지도 않은 오늘에마저

쉬운 단어들로 암호를 만드는 무자비한 안개여.

여기 이 세계는 고독과 치정이 호황이고

나는 인생이 기적이라고 자부하는 자들이

여전히 무섭다. 그대, 너무 사랑해서 화분이라면 깨어 버리고 싶고

국가라면 멸망시켜 버리고 싶은 그대,

나는 안개 속에서 방황했다. 그럼에도 불구하고

안개의 주인은 나였다.

외국인선교사묘지

계시와 언약을 지나 가을바람이
올무와 수렁을 지나 가을바람이

내가 사랑한 너에게서
내가 증오한 너에게로 가을바람이

물고기가 사는 사막에는 가을바람이

기둥만 남은 이끼 낀 교각 그 부서진 틈
구름과 바람에 젖은 풀꽃처럼
잠든
연옥을 어루만지며

가을바람이

죽음에 대한 주님의 오해 같은
가을바람이

문 앞에 서 있는 너와

너의 그에게도

가을바람이

검고 깊은 것들의 일면

광야를 헤매다가 신을 만났다는 사람을 알고 있다.

그는
끌어안았더니 무쇠 난로 같았노라고
신을 회고했다.

그는 나의 친구가 아니다.
나의 적도 아니다.
그는 광야를 헤매다가 신을 만난 사람일 뿐이다.

나는 알고 있다.

몰래 슬픈 표정이 맺힐 때 언뜻
덫에서 빠져나오다 발이 잘린 짐승 같아 보이는
그 사람.

그는 눈보라 치는 광야에서
뜨거운 신을 꼭 끌어안고
오래 울었던 사람이다.

희망의 불복종

저녁이 가고 태풍이 왔다.
불을 끄면 떠오르는

괴로운 눈동자들
악몽 옆에 놓인 송곳으로
일일이 찌른다 한들

목숨으로는 지워지지 않는 피의 조건.

나는 이제 나무라면
잘려 나가

숲을 베어 내는
도끼의 자루가 되어야 한다.

기다리던 어둠이다.
태풍이 몰아친다.

고해

괴로워 죽고 싶을 때는

눈을 감고 맹인들을 생각한다.

눈을 뜬다.

세상이다.

죄스러워 웃는다.

꽃

부드러운 바람.

꽃들이 움직인다.

이 시각에도 누군가와 누군가는 서로 사랑하고 있겠지.

영원히 전위적인 것은

풀리지 않는 암호밖에 없다.

이 시각에도 누군가와 누군가의 사랑이 시들고 있겠지.

꽃들이 움직인다.

섬

함박눈 내리는 밤
신촌을 걸으면

이 세계보다 커다란 횡단보도 앞에 서서
내가 곧 건너갈 저 주점의 골목들을
멍하니 바라보면

죽은 유향숙 누이 무뚝뚝한 얼굴 떠올라
더는 걸을 수 없네

우리 아버지 얘기 조금만 더 듣고 가라
조금만 더 듣고 가

내게 조르던
낮술에 취한 목소리

누군가 나를 기다리다 지쳐 가고 있어도
함박눈 내리는 밤이 아니어도

아니라도

자꾸 불어와

안개와 묘비명과

무용지물이 되어 버린 추억에게
그 계절들과 그 골목이 있다.

흘러가도 흘러가도 두려운 것은
너를 잃은 내가 고작 나이기 때문이다.

아직 사진이 없었을 적에는
인간의 추억이 이 지경까진 아니었을 텐데

아무리 궁리해 본다 한들
타인보다 낯선 것이 내 뒷모습이다.

묘비명은 단 두 줄.

하루는 지나갔다.
인생은 지루했다.

김산*

육신의 반이 어둠에 불탄 달 아래서

나약한 인간은 사려 깊은 악마보다
냉정할 수밖에 없다고 다짐했다.

순교는 나쁘고
순교의 태도는
더 나쁘지만

순교하려고 했던 기억이 없는 자는
그 어떤 경멸보다 추하다고
속삭였던 것처럼.

누군가의 죽음이 옳다면
적어도 지구의 반은
그의 적이어야 하니까.

* 김산(1905~1938): 본명 장지락. 항일 혁명가.

체리

여자애 이름. 이 열매가 이상하다.

소용없는 것과

어울리지 않는 것의

차이.

참으로 이상하다.

곰팡이보다 못한 내 청춘.

독일 시는 굳어 버린 빵 같다고 생각했던

스무 살의 강의실. 그 자리.

백합과 권태.

내 치정.

소용없는 여자애 이름과 이 열매.

어울리지 않는다.

진짜야.

여기 다 이상해.

유서를 쓰는 즐거움

비 내리는 일요일 아침.
영화 찍으러 강을 건넌다.
새들도 강을 건넌다.

앞날은 귀신도 모른다더니.

나는 내가 많이 모자라는 선생으로
그냥 그렇고 그런 시를 쓰면서
그래도 썩 괜찮은 소설을 쓰다가 죽을 줄 알았다.

나를 키운 건 8할이 수치심이다.

비유가 통하지 않는 세상에 기대어 말하되
나는 나를 지키지 못했고
내 곁에 있던 너도 지키지 못하였다.

다만 그 사람들은 자기가 그때 거기 있었다면
다른 모습이었을 거라고 믿고 있다. 끔찍하다.

비 내리는 일요일 아침.

참으로 평범한 일이다. 신기하다.

새들이 날개와 하늘로 강을 건너고 있다.

나는 진실하다

만주에서 몰려온 검붉은 비,
홍익대학교 부근 어느 건물 옥탑의 유리 지붕 위를

떠나질 않자, 내 개가 간이침대 담요 속으로 파고들어
두통이 심한 한 사내의 매독 같은 백일몽을 일깨운다.

비바람과 천둥은
포수의 총소리를 닮은 것이다.

그런 것이다.
두려움은.

숲

숲에서 소년은 바다를 바라봤다.

소년은 숲이 괴로웠다.

숲이 있었고 소년이 있었고 시간이 있었다.

소년이었던 그가 숲을 베어 배를 만들었다.

숲은 사라졌다.

이제 가자.

종려주일

아이들은 십자가 아래서

빵처럼 불붙는다.

재미있는 이야기를 들려 달라고 조르지 않는다.

아픈 아이들은 골똘하다.

별들에게 설교한다.

인내가 기도의 전부라는 것을

병든 아이들은

이미 죽은 자들보다 더 잘 안다.

지금은 통곡하는 만큼 아는 때이니

아이들은 세계를

종려나무 가지처럼 흔든다.

불 지른다.

그

그가 슬픔을 숨기면
나는 그에게 우리가
지금 어디에 있는 거냐고 묻곤 했다.

그가 자신의 슬픔을 내게 들켰다고 여겼을 때
그러는 그를 내가 알아 버렸을 때
나는 그에게 우리가
지금 어디로 가고 있는 거냐고 묻곤 했다.

그가 혼자 걷던 거리
꽃다발을 든 죄 지은 두 손처럼
어쩔 수 없어서 떨리는 모든 것들이
아무 말도 못할 때

과자 굽는 노파의 등이 보이는 저녁의 식탁에서
너무 오래 헤어져 있어 이젠 모르겠다고
정말 모르겠다고 너에게 편지를 쓸 때

빈 수레처럼 요란한 청춘이 이제 다 지나간 것인가.

그 어둠의 소굴 같던 청춘에 나는 나 같지가 않았다.

혼자만 지니고 있는 각별한 소식처럼
오래전부터 그는 아무런 대답이
아무런 대답이 없었다.

당신이 나를 지나간 뒤에는

그날 정오 무렵이었다.
나의 비밀을 알고 있는 그 여자와
그 여자의 비밀을 알고 있는 내가
수년 만에 우연히
길 한가운데서 마주쳤다.

그 여자는 자기의 비밀을 내가 알고 있다는 걸 몰랐다.
대신 그 여자는
내 눈을 보며 자기가 알고 있는 나의 비밀을 떠올렸을 것이다.
그것은 풍문일 수도 있고 내 인생일 수도 있었다.
그 여자의 눈을 보며 나는 내가 알고 있는 그 여자의 비밀을 떠올렸다.
풍문일 수도 있고 인생일 수도 있는 어떤 지독한 괴로움을.

약간의 거짓 안부를 나누고 우리는 헤어졌다.

정말 그 여자는 자기의 비밀을 내가 알고 있다는 걸 몰랐을까?

꽃 위에 서 있는 나비의 집중력이
산들바람에 흐트러진다.

빈 숲 요양원

모든 것들이 변해 버리고 나면 차라리 편해질 거야.

잠 못 드는 마음이.

눈을 감아.

좋은 운명을 미리 정해 두자.

그럼 죽지 않을 거야.

보여.

얼음의 길과 일사병.

피 흘리는 구름 한 접시. 세 알의 진통제.

빈 숲 요양원.

아침에 밤을 보는 당신.

아, 우리는 그때 행복했던 게 아니었구나.

맞아. 그걸 깨달을 때.

고백이 고통이 되고

세상의 고통들을 전부 비슷비슷하게 만들어 버리는 기도가

도리어 가장 큰 고통이 될 때.

희망하는 것은 단 하나.

병든 나는 내가 기억하는 모두를 사랑하진 않겠습니다.

빈 숲 요양원.

아멘.

적도에서 온 편지

토끼가 늪에서 붉은 귀를 쫑긋 세웠다.
악어가 숲에서 파란 눈을 깜빡거렸다.

바람 한 점 불지 않는 바다 위에 서서
우리의 시간이 아니었던 것만 같은 과거를 바라다본다.

나이가 들면 들수록
사랑하는 사람을 잃은 경험도 증가할 테니
홀로 거리를 걷다가도
그들과 함께 즐거웠던 장소가 서글퍼 피하거나
문득 뼈아픈 생각에 젖는 일이 잦아 괴로울 테고
하도 상처받다가 결국 상처마저 부정할 것이니

세상 모든 노인들은 그래서
아직도 살아 있기 위해 세상보다 훨씬 어둡다.

파괴와 졸음으로 각성한 악어야.
좌절한 원칙주의자처럼 생겨 먹은 토끼야.

인생이 무언가에 대한 강력한 항의처럼 여겨지던
그 시절에
나의 착종이었던 너희에게는
이 그리움이 전혀 어울리지 않고
오직 여기가 바로 그
바람 한 점 불어오지 않는 후회의 안식처다.

재가 되어 가라앉는다.

여러 해 지난 뒤

여러 해 지난 뒤 어느 항구에서 문득 나를 생각했다는 그는 여행가다.
정처 없이 헤매는 것조차 유능한 직업이 될 수 있다면 나야말로
단 한 번도 나의 어두운 사명을 포기한 적이 없는 셈이지만 그는 여전히
내 앞에서만큼은 홀로 먼 곳을 감당하다 눈을 감으려는 여행가이다.
정처 없이 헤맨다는 것이
제 발자국을 지우려는 조촐한 시도가 아닐 수 있다면.

언젠가 그는 빗속에서 광부들의 피맺힌 시위를 보았는데
이상하게도 그들이 금붕어처럼
입만 벙긋거리는 것 같더라고 편지에 썼다.
하긴 그런 순간이 있지.
큰곰자리가 숲에 떨어져 빛을 발하는 새벽처럼
괴로워 배웅해 주지 못하는 과거를 차라리 아름답게 치장해 버리는 순간이.
어쩌면 그는 만년에 인생을 후회하기보다는 기적을 믿게

될는지도 모른다.
그리고 또 여러 해 지난 뒤에야
왜 우리가 애써 비극을 가장하면서 살아야 했던가를
어어, 하면서 깨닫게 될지도 모르지.

사막의 한 마리 여우 앞에 저도 홀로 서서
금붕어처럼 소리 없이 입만 벙긋거리며.

투병기

너를 알던 사람들이 모두 잊겠지만
너와
너에 관한 전부를 잊어버리겠지만

훗날 누군가는 너만이 알던 그에게서
너를 떠올릴 거야.
그리고 그건 아주 괴로운 버릇이 될 거야.

소년아. 어른이 되더라도
오늘이 너에게
오늘이었다는 것을 잊지 마라.

아프면 벽 틈 사이로
바다가 보인단다.

어머니

눈이 내린다.
우주에
눈이 내려

내리자마자 다 녹아 버려

세상이 없다.

고적대는 지나간다

나팔수들이 다가온다.
애인아, 눈을 떠라.
의기양양한 꽃들이
유리창에 햇살을 퇴고하는 이 시절에
분개하는 두 손을 버리고 이제 그만 사막 위의 그물을 내려놓아라.
그러나 각별히 음미해 다오.
이별을 간직한다는 것은 피곤한 잠결과도 같아서
사랑은 희망과는 다르다는 교훈만큼이나 조마조마하다.

애인아, 북소리가 다가온다.
다락방의 창문을 열어라. 가여운 꽃이다.
햇살에 얼굴을 숨기는 바람이다.

핵심에 핵심이 보태어지면
또다시 쓸쓸해질 것이다.

겨울 그림

여인이 술회하는 밤들을 나는
마저 다 받아 적을 수가 없었다.
인생이란 결국 아무 데도 없는 탓이어서인지
나는 그 누구의 속삭임도 부양하고 싶지가 않았다.
하나님 앞에 부끄러우면 하나님 앞에 안 가면 되는 것이다.
높은 곳에서 깃발처럼 나부끼는 숨결.
낮은 곳에서 강물처럼 호소하는 미소.
아무리 그렇다 한들 우리에겐 서로의 병든 그림자를
포옹할 만한 용기가 없었다.
간밤에 마지막으로 단 하루만 더 견뎌 볼 거라며 울먹이던
그 하나님을 닮은 여인이 고백하고 간
숲과 길이 남아 있을 뿐.

천국의 북쪽

얼음 강의 밑바닥에서 소년은 구름을 올려다보았다.

무너지는 사람들의 발소리가 천국 너머에서 들려왔다.

애야, 이 길고 긴 싸움을 대체 어쩔 작정이니?

눈을 감아도 소년은 질문의 주인을 알 수가 없었다.

소녀가 얼음 강에 엎드려 소년을 내려다보고 있었다.

애도하는 버릇

자존심 탓일까? 몸이 아프면 지극히 하찮은 핑계마저도 그럴듯한 사상으로 둔갑한다. 산속에서 처음 만난 그는 이래 봬도 산 아래서는 뛰어난 기술자였노라고 떠벌렸다. 실없는 자기소개였을까, 아니면 교묘한 자기방어였을까? 너무 오랫동안 얼굴 없는 것들과 싸우다 보면 가리지 않고 애도하는 버릇이 생긴다. 당연히 나는 그를 애도하였다. 그리고 어느 날 그가 아무런 낌새도 없이 자취를 감춰 버렸을 때 나는 그가 자살하러 산을 내려간 거라고 짐작했다. 영혼이 먹구름의 아류처럼 여겨지던 한여름이었다.

원고 뭉치를 들고 도시에 되돌아와 길을 걷다 보면 불쑥불쑥 그가 떠오른다. 기술자? 무슨 기술? ……그는 살아 있을까, 죽었을까? 나는 살아남았으나 고갈됐다. 종잇장 같은 귓가에 그의 조근한 목소리가 들린다.

—우리, 병들어 산 위에 있었을 때가 훨씬 더 멀쩡했어요.

간담이 서늘해진다. 그가 나를 애도하고 있다.

묵인

눈 내리는 마을에서 눈 내리는 마을로 걸어갔다.

언제부터인가 나무와 나무 아래 서 있기가 두려웠다.

그럴듯한 좌우명은 모두 묘비에만 새겨져 있고

불멸하는 잡념들, 눈물 젖은 새의 눈동자 같았다.

소금 창고 안에서 홀로 보았던 그 막막한 어둠이 길마다

무겁게 깔려 있는데, 언제부터인가 너는 내게 어디에 있는가.

소품에 지나지 않는 인생, 정물화 같은 추억

눈 내리는 마을에서 눈 내리는 마을로 걸어갔다.

이 책의 한 귀퉁이

뭉게구름 같은 먼지를 털어 내고 붉은 장정에 싸인 일대기를 펼쳐 본다.
소망하면 없는 것도 있게 하는 아이들의 노래가 들리는 오후
그의 궁지와 파탄을 끌어안은 문장의 숲은 위대하나 적막하고
노란 창틀 붉은 벽돌집은 애인의 속삭임보다 나른한 해풍에 허물어졌다.
서정시 몇 편만 남기고 죽으려 했던 그의 염결한 청춘은
우리들의 문헌상에는 존재하지 않지만, 이제 와 아무 소용이 없는
아버지의 책들이 내 검은 책상 밑에 차곡차곡 쌓여 있는 것처럼,
아이들의 노래 속에서 노란 창틀 붉은 벽돌집은
환한 대낮에 비가 내리듯 다시 세워지고
그의 전 생애에서 결코 빼놓을 수 없는 가장 애틋하고 자랑스러운 부분을
나는 이 책의 한 귀퉁이에 적어 놓는 것이다.

— 무슨 이유에서인지, 그날 이후 그는 세상을 외면했다.

포옹

고향이 국경인 자들은 영혼을 잃을 때 벌어지는 일들을
잘 알고 있지. 잠든 너, 슬픔의 벽과
기쁨의 벽 사이의 유일한 틈이여.
죽었다고 해서 죽었다고 말할 수가 없는 애인이여.
평안 속에 깃들기 전에 나를 끝까지 고통스럽게 읽어 다오.
이승의 물방울들이 모두 어디론가 사라져 버린 뒤
뜨거운 이마 위에 무지개가 새겨지면
사람과 사람에게는 관여하지 않는 신이여.

먼 우주에서 울고 있다.

묵주기도

폭풍은 내게 제발, 이란 말과 같다.
폭풍.
제발.

나는 잘 자라는 너의 말이 가장 슬프다.
우주 안에서
가장 슬픈 말.

폭풍이 곧 올 거야.
어서 편히 잠들라는 말.

은접시 위에 있던 것들

폐허에 소풍을 나와 내가 소유한 전부를 펼쳐 놓는다.
불의 정원에 갇혀 보낸 유년, 피아노 소리에 눈을 감는 당나귀,
그물을 걷어 올리기도 전에 가라앉는 저녁, 미소가 일그러진 화석,
낯선 거리의 이름들, 그대가 깊어질 대로 깊어져 한숨 지으면
일제히 빛으로 변해 버리는 물고기들, 간직할 수 없었는데
간직해서는 안 되는데 왜 간직했을까. 집요한 고독은 메마른 입술과 함께
갈 수 없는 나라와 연루되어 있다. 우리는

서로에게 얼룩졌으나, 우리는
사라질 때 가장 아름다우리라.

夏至

극찬하고 싶은 지옥 위에 구름이 떠 있다.

기이하다.

내게는 손상될 만한 기억이 남아 있지 않다.

알고 있다는 것은 고통을 겪었다는 뜻.

어디로 갔을까.

그 구름은.

나무 아래 쉬고 있던 것에 대한 회고

한 남자와 한 여자 사이
거미 한 마리가 겨울의 허공을 번득이며 타고 올라간다.
그녀가 침묵으로 언급한 것은 참을 수 없는 눈물에 관한 소회가 아니었다.
두 기둥이 있는데, 그 어느 하나의 뒤로도 잠시 기대어 숨어 있지 못하겠는 마음, 그것이었다.
이래도 되는 건가. 서로를 잃어버리기 위해 가만히 듣고만 있는 두 사람과 두 기둥.
회당이, 인간이 신을 알현하기 위해 경전을 펴고 소원을 읊조리는 회당이,
그 천정의 구멍을 가득 메운 새파란 하늘이,
죽음의 우려를 살 만한 이별이 흘리는 눈물에 잠긴다.
거미 한 마리가 겨울의 허공에 그려 놓은 은빛 무늬가
이제 영원히 멀어질 두 사람을 껴안는다.

주일

일요일 한적한 지하철 안의 사람들은
모두 한 사람의 결혼식에 가고 있는 것만 같다.

촛불과 호수는 잊은 지 오래.

일요일 한적한 지하철 안의 사람들은
모두 한 사람의 장례식에 가고 있는 것만 같다.

저녁의 영혼

남들은 꽃이야 피고 지는 거라지만 나는 저 흰 꽃의 사활이 끔찍합니다. 그대, 내게 스며들었던 전부여. 정염에 어쩔 줄 모르던 그 시절이 나의 생이 아니었다면 얼마나 홀가분하겠습니까. 이제는 몸 없이 목소리도 없이 자꾸 불어와 애도하고 가는 그늘이여. 영혼은 낮과 밤이 아니라 그저 잠시 어두워지며 사그라지는 이 저녁에만 있으니 저 흰 꽃 가여워 뼈도 없고 살도 없습니다. 남들은 꽃이야 피고 지는 거라지만 깃들었다가 떠나는 모든 것들의 자리가 나의 생이 아니었다면 얼마나 홀가분하겠습니까.

유리병 속 지문

아무리 닦아 내도 지워지지 않는 유리병 속 지문.

그럴 리가. 내 참.

있을 수가 없는데 버젓이 있는 유리병 속 지문.

내 상심처럼.

다시 어둠 속에서 내가

누군가 그의 마른 이마 위에
손을 얹자
저녁이 왔다.

인간이나 짐승이나
살기 위해 어둠 속을 가로질러 가는 것은
선하지도 않고
악하지도 않다.

나는 무너지고 부서지는 것이 싫어서
묵주처럼 가만히 있지 않고
해당화처럼 흔들리지 않고
짐승들이 밤의 상처를 덧내며 낸 길을 따라 여기까지 왔다.

선할 수도 악할 수도 없는 것들
가만히 있는 것들
흔들리는 것들
나와 같지 않으면서 나와 같은 것들

나와 같으면서도 나를 모르는 것들
다 사라져라.

인간이나 짐승이나
어둠을 지나서 살러 가는 모든 것들은
그저 어둠에 대한 고백일 뿐.

여기는 어디인가.

그의 마른 이마 위에서 손을 치우자
누군가의 밤이 왔다.

밤과 낮

스무 살에 시인이 되어 스승께 큰절을 올렸다.
그런 시절이었고 미당의 애제자인 그분이 또한 그러하셨다.
다만 나는 엉뚱하게도 이런 생각을 했다. 내가 예순 살에 죽는다면
20세기와 21세기를
절반씩 나누어 살게 되는 거구나, 라는.
좌절의 자리만 골라 앉는 버릇과
반문하는 것 같은 고집이 나의 원죄라는 것을
그때는 알 도리가 없었다. 앞으로 내가 행할 모든 과오들과
내게 닥칠 모든 불행한 일들을 미리 알 수 없었듯이.
이제 21세기의 나머지 생을 야금야금 사과 벌레처럼 갉아먹으면서
밤이건 낮이건 실족할 때마다 스승께 전화를 드리면
언제나 당신은 멀지도 가깝지도 않은 곳을 산책 중이시다.
그것이 나의 서글픈 족보다.
완강하고 원칙 없는 누명 앞에서
절대 숨어 살고 있는 것이 아니라는 혼잣말에 유독 익

숙해지는데

오래 만나지 못한 벗들과 주인 없는 추모 시만 늘어가는
쓸쓸함에

망각 말고는 달리 이 수모를 이겨 낼 방법이 없어서
밤과 낮이여. 그 무엇도 절반씩 나누어서는
사랑할 수 없다는 것을 이제야 깨달아 전합니다.

잊지 않고 있습니다. 아직도.

비애

안팎의 구별이 없다.
사랑도 아니고 증오도 아니다.
도무지 찾을 수가 없다.
기어이 손상되었다.
밤이 유익하지 않고
낮에는 질서가 없다.
그립긴 하지만 상처와 다를 바 없으니
대강 그러면 되었다.
내가 그럴 수 있다면 되었다.
백합과 권태가 저 달빛 아래
검은 물속에 가라앉아 있다.
비열한 짐승의 후회.
스스로에게 적개심을 느낀다.
아무것도 회자되지 않기를 바라며
다음날을 기약하는 어리석음에
그 질식하는 한계에
분명히 있으면서도 결국 없다는 것에 반응한다.

그 애착을

네 눈동자 속의
불안을
조용히 들여다본다.

저 계단

네가 계단 위에 서서 나를 부른다.

저 계단. 슬픔이 눈물을 참고 있는 저 계단.

나의 때늦은 이야기인 네가 나를 부른다.

해후가 해일과도 같아 유리 깨지는 소리가 여기저기 들리고

어째서 선명한 예감은 술책보다 열등한 자백처럼 여겨질까.

내 가슴속에서 결정된 것임에도 전혀 구사할 수 없는 괴리.

내가 나여서는 도저히 도약할 수 없는 괴리.

네가 계단 위에 서서 나를 부른다.

우리는 왜 늘 이런 곳에 있었을까?

미소에 관한 질문

꽃을 만져 눈이 멀었다.

내가 아직도 칠흑 속에 있다고 절규할 때

그대는 어째서

내가 볼 수 없게 된 것들보다 아름다운가.

그대. 차라리

죽고 싶은 마음.

그대.

나는 이 어둠 때문에

빛을 찾아간다.

冬至

그림자에는 형식이 있다.
기이한 역사와 그 증상이 있다.

겨울밤의 왈츠와 착한 유기견들.
조만간
들리지 않고
보이지 않을 것이다.

등불이 넘어져
신의 손바닥이 불타오른다.
궁지가 환하다.

방 벽에 걸린 이별의 단서.
아주 먼 약속과 추억의 냉대.

이러려고 와서
누웠던 게 아닌데.

이제 알겠다.

젖은 옷깃은
그을린 옷깃이다.

오명

환멸 9일째.

양치기 소년을 만났지.

방금 사람을 처음 죽여 본 양치기 소년.

바람이 불어도 정적인 밤거리.

양들과 양치기 소년과 나.

이게 얼마 만이야 내 친구 양치기 소년.

매혹이 들판을 망쳤어. 무쇠 난로가 그리워.

행복하다고 말하는 사람들이 끔찍했어.

환멸 9일째.

더 이상은 아무 말이 없는

양들과 양치기 소년과 나.

해명

어렴풋이 기억난다. 그날 뒤돌아서며 품었던 마음.
망설이는 죽음처럼 흔들리는 모래 기둥을 따라 내일이면
지금은 없는 곳에 가 있을 그 사막의 지평선을
건너왔다. 풍문보다 못한 너의 미움을 보러.

운명만이 운명을 어렴풋이 기억한다. 죽음은 빗나갔다.
이제는 떠나간 것들의 본색 따윈
묻지 않기로 한다. 내가 나에게.
네가 나에게. 다만 모든 동사들은
무너진다, 로 귀결된다는 경험만을 명심하기로 한다.

기어이 잊고 있어도 설혹 잊어버려도
물에 잠기는 것처럼 다시 찾아오는 애인아.
그간 나는 어려운 일들을 충분히 즐겼으므로
이곳에 머무는 사람들과는 오해를 나누지 않겠다.
이곳의 음악은 어디로도 가져가지 않겠다.
처음 홀로 숲을 걸었을 때의 그 느낌이 너무 스산해
안개 속에서 헤어진 자들과는 인사조차 나누지 못했고
다시는 만나지 않기를 바랄 수도 없다.

무너지는 모래 기둥에 기대어 울고 있는 애인아.
해명이 필요 없는 운명은 어디에 있는가.
고통만 있고 대체 어디 있는가. 내가

풍문 곁에 너의 음악을
두고 간다.

보내지 못한 엽서

아득해지는 게 습관 같아서
나쁜 습관이 되어 버린 거 같아서

나무들 사이를 걷지 않는다
나무들 아래 오래 서 있지 않는다

기억나는 건
견디다 못해 함부로 기억나는 건

눈 감으면 보이는
그 눈가에
있던 오열

견디다 못해 내린다
함부로 쌓인다
아득해지는 내 안에

나무 사이를 걷지 않았는데도
나무 아래 오래 서 있지 않았는데도

휘몰아친다

안개와 꽃잎
그 일들

내 안에.

서시

나 아버지 곁에서 괴로웠다
나 어머니 곁에서 다시 괴로웠다

나 어머니 곁에서 슬펐다
나 아버지 곁에서 더 슬펐다

아버지 날 낳으시고
어머니 날 기르신 까닭은
내가 나였기 때문

내가 괴로웠던 것은
내가 슬펐던 것은

■ 산문 ■

개와 예술에 관한 몽상

이응준

나는 아직 젊기에 비극을 쓰고 있다. 그리고 노인이 되어서는 희극을 쓰고 있을 것이다. 청춘을 다 탕진한 뒤에도 코미디를 쓰지 못한다면 그것보다 부끄러운 일은 없을 것이다. 나는 세상에 잘 적응하지 못했고 스스로를 의심하였기에 작가가 되었다. 만약 내가 인간을 신뢰했더라면 문학이 아니라 정치를 하고 있었을 것이다. 시대와 인종과 국가를 초월하는 모든 것들은 궁극적으로 마약과 크게 다르지 않다. 문학이 기묘한 것은 감각과 철학이 공존하는 공학적 유기체이기 때문이다. 문학은 때로 나를 한없이 가라앉히고 어둡게 하지만 그렇다고 해서 문학이 이 세계보다 더 무겁고 어두운 것은 아니다. 현실보다 혹독한 예술이란 결단코 가능하지 않기에, 역설적으로, 어느 희극배우의 무지막

지한 좌우명처럼, 세상에는 웃지 못할 어떠한 비극도 존재하지 않는 것이다. 금생의 나는 미쳐 버리는 것이 무서워 음악을 하지 못했다. 다시 태어난다면 꼭 유행가를 작곡하고 부르는 사람이 되고 싶다.

내게는 개 한 마리가 있다. 중국인들이 17세기 중엽 티베트의 라사압소를 페키니즈와 교배하여 만들었다는 시추이다. 녀석은 과묵하고 사람을 핥지 않으며 늘 와선(臥禪) 중이거나 잔다. 선(禪) 중에 가장 어려운 것이 와선이라던데, 녀석에게는 확실히 라마승의 피가 흐르고 있는가 보다. 중국 당나라 때부터 왕실견으로 총애를 받아 오던 시추는 사회주의혁명 당시 멸종 위기에 처해지기도 하였다. 고매한 품위와 탁월한 종교성은 때로 핍박의 원인이 되기도 한다. 그러나 1860년 제2차 아편전쟁 때 베이징에 입성한 영국군이 궁궐에 남겨져 있던 몇 마리를 영국으로 데려간 것이 계기가 되어 시추는 유럽과 미국, 호주로까지 널리 퍼졌다. '시추'는 '사자개'라는 뜻의 '시추쿠'에서 나왔다. 즉 사자를 닮은 개라는 소리다. 내 개는 맹수의 가장 극단적인 희화이다.

독일어에서 돼지가 그러한 것처럼 한국어에서는 개가 욕설로 애용되고 있다. 가령 '개'가 단어 앞에 붙거나 직유하게 되면 무조건 분위기가 험악해진다. 인간이 개만큼만 정직하고 따뜻하고 영리했다면 지구가 이 지경이 됐을 리 만무한데도, 오늘도 나를 포함한 대부분의 한국인들은 미워

하거나 부정하고 싶은 자의 이름을 '개새끼'로 바꿔 부른다.

개에 대한 변호와 찬양은 뒤로하고, 이 한국어의 불합리한 관습을 있는 그대로 받아들였을 때, 자고로 탐미주의적 예술은 개새끼들이 하는 것이다. 그러나 그 개새끼는 제 예술에 한해서만큼은 순수하고 양심적이어야 한다. 좋은 탐미주의적 시인은 개새끼여도 괜찮다. 하지만 그가 자신의 시를 가지고 개새끼 짓을 해서는 안 된다. 이것이 탐미주의적 예술가의 도덕이다. 물론 좌파 예술가의 경우는 좀 다르다. 그의 행동들은 그의 예술이 그려지는 캔버스이기 때문이다. 다행스럽게도, 나는 좌파 예술가가 아니다.

비극은 작가의 품위이다. 예술가는 자신의 비극을 관리할 줄 안다. 진실한 비극이 사라지면 시인은 역겨운 나르시스트가 된다. 좋은 시인은 비극을 자신의 외부보다는 내부에서 찾는다. 예를 들어, 어두운 시대가 변해 정치적 억압의 무대장치와 조명이 사라지면 외부의 비극에만 기대어 살아가던 어느 시인과 그의 시는 동시에 아우라를 잃는다. 그가 계속해서 내부의 비극을 담보하지 못한 채 심각한 표정을 지으며 주목받으려고 애쓰면 애쓸수록 그는 느끼한 속물로 전락할 뿐이다. 신을 자신의 외부에서 찾으면 하등 종교이고 신을 자신의 내부에서 찾으면 고등 종교이다. 신은 반드시 필요한 인간 내부의 비극이다.

나는 어떤 자가 예술가인가 아닌가를 감식할 때 먼저 그의 가슴속에 명쾌한 비극이 있는지 아닌지를 본다. 있지도 않은 비극을 가장하거나 한술 더 떠 비극을 극복하고 희화했노라 떠벌리는지 아닌지를 본다. 예술적 출세의 코스튬이 아닌 시의 원형질인 비극. 아름다운 개새끼들의 예술은 차선책과의 싸움을 즐긴다. 자기의 전체를 걸고 전진하는 그들의 투쟁은 화가 나면 날수록 늠름해질 수밖에 없다. 새로운 것? 모든 새로운 것들은 쓰레기통 속에 있다. 또한 나의 예술적 소외가 나의 예술적 권위로 탈바꿈하는 바로 그 지점에 있다. 우리 내부에 신처럼 살아 있는 비극은 반드시 필요한 과학이다.

나는 내가 쓴 것들 말고는 전부 잃어버렸다. 앞으로도 그러할 것이다. 먹구름이 몰려들고 천둥이 쳤다. 우연한 비바람이 때로 한 도시를 휩쓸어 버리듯이 어떤 사소한 좌우명은 간혹 전쟁이 되기도 한다. 라디오를 끄고 따뜻한 물이 가득 찬 욕조 안으로 들어가 누워 극사실주의적인 먹구름은 애인이 타고 있는 기차 같다고 생각하다가 잠이 들었다. 비 내리는 꿈속에서, 어머니의 자궁 안에서, 그 달콤한 양수에 잠겨 나는 왜 소리 없이 울었을까? 젖은 알몸으로 욕실 문턱에 섰는데, 내 작은 개가, 맹수의 가장 극단적인 희화가, 멸종당할 뻔했던 자신의 비극을 선(禪)하는 자가, 아까 내가 벗어 놓은 옷가지들 위에 엎드려 곤히 잠들어 있다. 극사실주의적인 자화상은 나를 떠나는 애인이 타고 있는 기차 같은 먹구름이라고 생각하다가, 나는 내 개의 피가 덥혀 놓은 옷가지들을 주워 입는다.

■ 발문 ■

시여, 사랑이여, 비극이여

장은수(문학평론가)

하나가 둘을, 이별이 사랑을, 고독이 공존을, 고요가 환호를 침식한다. 사랑의 소멸, 이것은 낭만적 환영의 결과가 아니다. 희망의 끝자리, 좌절의 절벽 앞에 선 자의 절망이 아니다. 거기에 숙명적 체념이나 운명적 슬픔 같은 것은 없다. 생계와 생명을, 고여 썩어 가는 삶과 약동하는 죽음을 맞바꾼 자의 분투가 있을 뿐이다. 그 분투는 모든 것을 대가로 치른다. 한없이 사랑을 갈망하지만 오로지 혼자로서만 살아 있을 수 있는 짐승이 모든 곳에서 출현한다. 연애하는 짐승의 무정함과 무정한 짐승의 연애가 빚어내는 기이한 변증이 빛을 어둠으로, 기쁨을 슬픔으로, 너에 대한 생각을 나에 대한 사유로 치환한다. 이게 이응준이다.

소년, 영원한 소년이 거기에 있다. 어둠에 웅크린 채 자기를 짐승처럼 벼리고 있다. 지난 20년 동안 그는 조금도 변하지 않았다. 가장 빛나기를 갈증하기에 오히려 존재의 어두운 심연으로 전진하는, 빛 속에서는 까맣게 웅크린 어둠에 끌리고 어둠 속에서는 희미하게 깃들인 빛에 유혹되었던 비극적 짐승으로서의 삶을 마다하지 않았다. 본래 시로 세상에 나왔으나 산문의 세계로 질주했던, 그러나 소설이라는 메마른 질서를 견디지 못하고 끝내 시적인 것을 삽입하고자 했던 치열한 도전의 연속체는 아직 끊어지지 않았다.

이 시집 『애인』은 사랑과 이별의 연맹을 보여 준다. 인생이라는 열기에 말라 버린 삶, 가장 뜨거운 자만이 가 닿아서로 만날 수 있는 장소, 그러니까 “사막”에 대하여, 그 위를 떠돌면서 횡단하는 “낙타 같은 그녀”(「애인」)에 대하여, “마주하면 사라지게 될/ 그”(「피의 조건」)에 대하여 쓴다. 사랑의 순진한 갈망이 내면의 치열한 어둠을 만나서 꾸는 악몽들은 그의 오랜 주제였다. 일상의 사랑과는 달리 어떤 분비도 불러오지 않고 어떤 얼굴도 재생산하지 않는, 소름끼치는 사악한 공상을 통해서만 그/그녀를 만나는 청년은 우리 젊음들의 영원한 투영이었다. 이 베르테르적 인간은 현실이라는 봉건적이고 낡은 세계 속에서 근대의 세련된 삶과 문화를 엿보고 동경했던 시대적 불운 속에서 태어났지만, 그 시간적 지평을 뛰어넘어 사랑의 영원성을 번민하는 모든 우리에게 회귀한다.

오랫동안 이응준의 작품을 읽어 온 사람은 모두 알리라. 사람에 대해서는 수줍어하고 세계에 대해서는 고집을 세웠던 젊은이가, 그리하여 자기 고독의 미학을 삶 속에서 수립하고 스스로 지켜 가면서 타자와 세계에 대해 강요했던 그 청년이 아직도 날을 시퍼렇게 세운 채 조금의 후퇴도 없이 그 자리에서 버팅기고 있음을. 이 시집의 언어들은 지난 스무 해 동안 그의 내면의 피를 먹고 성숙했지만, 내 기억 속에서 혈죽(血竹)으로서 곧추서서 세상을 내려다보았던 첫 번째 그는 조금도 희미해지지 않았다. 가령, 이런 모습.

> 그대와 그대에 관한 빗소리 없이는
> 어두운 방에 잠시도 누워 있질 못하는
> 참 요긴한 우울과 두통
>
> —「나는 장마에 대하여 다시 쓴다」 중에서

이응준은 어둠 속에서 우울과 두통에 시달리면서 그/그녀를 생각하는 어떤 인간의 의미를 끝까지, 버리지 않고 추구한다. 『국가의 사생활』이나 『내 연애의 모든 것』 같은 이야기가 강화된 최근의 소설적 변신 중에도 포기하지 않는다. 이 끔찍한 우울, 사랑에 의해 촉발되고 예술에 의해 강화된 우울이야말로 그를 계속 현실 바깥으로, 그러니까 그만 홀로 있는 공간으로 내몬다.

이러한 자에게 사랑은 도착하지 않는다. 지연되고 미루

어진다. 그러나 그 사랑은 실연의 형태가 아니라 어쩌면 짝사랑의 형태로 나타난다. 그에게 짝사랑이야말로 완벽한 사랑이다. 그것은 교환되지 않은 채, 아니 교환되지 않음으로써만 가치를 더한다. 그는 먼저 그리워하고 미리 사랑을 잃는다. 그/그녀에 대한 사랑을 보상받지 못한다는 점에서 그것은 실연과 비슷해 보인다. 그러나 실연은 끊임없이 욕망을 자기 기억과 교환하는, 내연할수록 더욱 자폐 속으로 떨어지는 사랑이다. 그에 비해 짝사랑은 몫 없는 자의 사랑, 이루어질 수 없지만 바깥으로 열려 결코 닫히지 않는, 그/그녀에게 끝없이 향하지만 귓바퀴에 걸리지 못하는, 그러나 끊어지지 않고 계속 반복되는 언어의 연쇄로 이루어진 외향적 사랑이다. 그것은 '상처'를 낳지만, 그 상처는 외려 '건강성'의 증거가 된다.

『애인』은 이런 사랑의 건강성에 대한 시집이다. 사랑이 그의 영혼에 낸 날카로운 빗금들, 그러니까 상처가 이 시들을 만든 게 아니다. 반대로 시가 존재하려고 먼저 상처들이 있었던 것이다. 사랑의 불운이 가져다준 깊고 진한 어둠이 나에게 침투해 들어온 게 아니다. 바깥으로 열려 있으면서 동시에 단단히 자기를 지켜 온 내가 어둠으로 스며든 것이다. 그/그녀에게 열려 있지만 나를 잃지 않고, 나를 꾸준히 지켜 가면서 다시 그/그녀를 끌어들여 변주하는 자아의 이 대단한 건강성은 이응준이 여태껏 영구 기관이 달린 기계처럼 멈추지 않고 좇았던 일이다.

나만 있는 세계는 불행하다. 자기밖에 그릴 줄 모르는 화가는 비참하다. 타자가 들어오는 수치를 견딜 수 없는 자는 끔찍하다. 그러나 이 불행과 비참과 끔찍함을 양식 삼아, 이응준은 오늘도 우리에게 속삭인다, 읊조린다, 외친다. "사랑해."

이응준

시집 『나무들이 그 숲을 거부했다』 『낙타와의 장거리 경주』 『목화, 어두운 마음의 깊이』, 소설집 『달의 뒤편으로 가는 자전거 여행』 『내 여자친구의 장례식』 『무정한 짐승의 연애』 『약혼』, 연작소설집 『밤의 첼로』 『소년을 위한 사랑의 해석』, 장편소설 『느릅나무 아래 숨긴 천국』 『전갈자리에서 생긴 일』 『국가의 사생활』 『내 연애의 모든 것』, 에세이소설 『해피 붓다』, 소설선집 『그는 추억의 속도로 걸어갔다』, 논픽션 시리즈 '이응준의 문장전선' 제1권 『미리 쓰는 통일 대한민국에 대한 어두운 회고』, 산문집 『영혼의 무기』 『고독한 밤에 호루라기를 불어라』, 작가수첩 『작가는 어떻게 생각을 시작하는가』, 그림책 『토토와 구름과 빵』(류은지 공저) 등이 있다. 2008년 각본과 감독을 맡은 영화 「Lemon Tree」(40분)가 뉴욕아시안아메리칸국제영화제 단편경쟁부문, 파리국제단편영화제 국제경쟁부문에 초청받았다. 2013년 장편소설 『내 연애의 모든 것』이 SBS TV 16부작 드라마로 제작 방영되었다. 록밴드 YB의 노래 「개는 달린다, 사랑처럼.」 「지지않겠다는 약속」 등을 작사했다.

애인

1판 1쇄 펴냄 · 2012년 4월 30일
1판 2쇄 펴냄 · 2025년 7월 22일

지은이 · 이응준
발행인 · 박근섭, 박상준
펴낸곳 · (주)민음사

출판 등록 1966. 5. 19. 제16-490호
서울특별시 강남구 도산대로1길 62(신사동)
강남출판문화센터 5층 (우편번호 06027)
대표전화 02-515-2000 / 팩시밀리 02-515-2007
www.minumsa.com

ISBN 978-89-374-0800-7 (03810)